Mrs. Gurneys Entschuldigung

Zur Rechtfertigung der Freundschaft von Mrs. ——

Mary Jary Gurney

Writat

Diese Ausgabe erschien im Jahr 2024

ISBN: 9789359947075

Herausgegeben von
Writat
E-Mail: info@writat.com

Inhalt

VORWORT.

Bei der Präsentation des folgenden außergewöhnlichen Dokuments der Welt hält es der Herausgeber für angebracht, im Vorwort kurz auf die wichtigsten Umstände und Personen einzugehen, die mit dieser großen Empörung, die es verkörpert, gegen die Empfindlichkeiten und Moral der Öffentlichkeit zusammenhängen: Er lehnte selbst entschieden jede Unterstützung der Ansichten der fehlgeleiteten Schriftstellerin ab und bedauerte zutiefst den Skandal, der infolge ihrer Taten der einflussreichen Gesellschaft der Freunde und den zahlreichen hohen Familien, mit denen sie verbündet ist, zugefügt wurde England und Amerika.

Die Gurney-Familie ist überall auf dem östlichen oder westlichen Kontinent bekannt. Philanthropie, Wohltätigkeit, Liberalität in ihrer umfassendsten Bedeutung, Gelehrsamkeit und literarische Fähigkeiten auf höchstem Niveau oder Reichtum in üppigster Überschwänglichkeit werden zum Thema des sozialen Kreises oder der Familie Text aus der Feder des Autors. Darüber hinaus handelt es sich um eine der bemerkenswertesten und ältesten Adeligen der englischen Aristokratie, die aus der Zeit des Eroberers stammt und seitdem Reichtum und Stellung in der Grafschaft Norfolk innehatte, wo noch heute fast alle verschiedenen Mitglieder des Namens leben wohnen. In den frühen und stürmischen Tagen Englands leisteten sie dem Staat in vielen berühmten Schlachten im In- und Ausland wesentliche Dienste – denn erst zu einem verhältnismäßig jungen Zeitpunkt wurde diese bis dahin gefürchtete Rasse durch einige ihrer Zweige mit dem Pazifik identifiziert und niedrige Lehren der Quäker.

Sie sind hier eng mit Familien von höchster Ansehenswürdigkeit verbunden – der berühmte John Joseph Gurney hat eine Frau aus dieser Stadt genommen; und kein Mann in der Gesellschaft der Freunde war ihm zu seiner Zeit ebenbürtig, weder an religiösem Einfluss, noch an geistigen Fähigkeiten oder an Vorzüglichkeit des Herzens. Er gab tatsächlich den Gurneyite Orthodox Friends den Namen, deren anerkannter Anführer er als Zweig dieser Sekte war. Er starb vor etwa zwölf Jahren.

Sein einziger Sohn, John Henry Gurney, der nicht nur der Erbe des Reichtums und Namens seines Vaters, sondern auch seines guten Charakters war, ist der betrogene Ehemann dieser Geschichte. Er ist der derzeitige

Abgeordnete im Parlament von King's Lynn, Norfolkshire, und ist für seine liberalen politischen Ansichten bekannt. Er ist jetzt vierzig Jahre alt.

Seine Frau Mary Gurney, die Autorin dieses Briefes, war die Tochter und das einzige Kind von Richard Hanbury Gurney, einem Cousin ersten Grades von John Joseph, und gehörte dem älteren, wohlhabenderen und repräsentativeren Zweig der Rasse an – er, Richard, ist verstorben Nur wenige Jahre später war er ein jüngerer Halbbruder und der einzige des eigentlichen Oberhaupts der Familie – des ehrwürdigen Hudson Gurney aus Keswick, FRS, FAS, Ex-High Sheriff von Norfolk usw. usw .

Während Hudson Gurney zwar hauptsächlich die Patrimonialgüter erbte, wurde Richard, sein Halbbruder, der Erbe seiner eigenen Mutter, die eine Miss Hanbury aus der wohlhabenden Londoner Brauerfamilie dieses Namens gewesen war. Dieses Vermögen, über eine Million Pfund Sterling, ging nach Richards Tod in das Erbe seiner Tochter Mary über, der Autorin dieses Briefes, die jetzt etwa achtundzwanzig Jahre alt und Mutter von zwei oder drei Kindern ist.

Samuel Gurney, der bedeutende Bankier und Philanthrop, war ein Bruder von John Joseph, und Frau Elizabeth Fry, deren Arbeit und Opfer zur Verbesserung der Disziplin in den großen Gefängnissen auf beiden Kontinenten ihr einen beneidenswerten Namen eingebracht haben, war seine Schwester. Eine weitere Schwester war die Ehefrau und eifrige Assistentin von Sir Thomas Fowell Buxton, der in den Annalen der britischen Emanzipation gefeiert wurde.

Mrs. Gurney ist somit durch Abstammung und Heirat mit angesehenen Familien in Europa und Amerika verbunden und besitzt selbst ein fast fürstliches Anwesen. Bis zu ihrer Abreise wurde sie ständig von einem Ehemann erwartet, der nur ihren eigenen Willen kannte, auch wenn er dies nur im geringsten wünschte. In einer solchen Umgebung, die sie in die allerhöchste Sphäre des englischen gesellschaftlichen Lebens mit all seinen Pracht und Reizen erhob und ihr den Genuss jedes vernünftigen Vergnügens sicherte, verzichtete sie nach dreizehn Jahren Eheleben freiwillig auf ihren Mann, ihre Kinder und ... Familie, nicht in irgendeinem Moment der Leidenschaft, sondern aus ruhiger Überzeugung der Vernunft, wie sie selbst sagt, und verließ England als Geliebte eines gewöhnlichen Pferdeknechts aus ihren Ställen.

Für dieses große soziale Verbrechen kann es weder eine Entschuldigung noch eine Milderung geben.

Aber die Motive, die dazu geführt haben, verdienen durchaus die geduldige Betrachtung des Lesers. Sie werden in ihrem Brief mit logischer Präzision und gleichzeitig mit der offensichtlichen Begeisterung und Zärtlichkeit eines

Herzens dargelegt, das intensiv gelitten und geliebt hat; Und was auch immer die Erklärung sein mag, sei es eine Übertreibung von Fakten oder ein kunstvoller Sprachgebrauch, ihre Worte scheinen wirklich mit dem Siegel des sozialen Märtyrertums versehen zu sein.

Während der allgemeine Tenor der Lehren, die sie verkündet, jedem gesunden Geist einen Schock versetzen muss, ist es aus Gründen der Moral nicht notwendig und es wäre in der Tat ungerecht, ihren Brief *insgesamt zu verurteilen* .

Jede authentische Geschichte persönlicher Erfahrungen bildet eine hilfreiche Ergänzung für die Führung und das Verhalten der Menschheit.

Die beklagenswerten Folgen einer frühen und überstürzten Heirat, wie sie in ihrer eigenen Geschichte dargestellt wird, könnten als nützliches Signal für die unbesonnene Jugend aller künftigen Zeitalter dienen.

Ihr ernsthaftes Plädoyer für persönliche Verdienste kann nicht umhin, viele Herzen zu erobern – zumindest in diesem Land, der Pflegestätte des Bürgertums und der Demokratie.

Aber vor allem ihrem abschließenden Argument gebührt Aufmerksamkeit und Respekt.

Die bisherigen Untersuchungen in diesem Land und in Europa haben einen erschreckenden Katalog von Krankheiten und Todesfällen infolge von Mischehen ergeben; und neuere Untersuchungen in den Abteilungen von Krankenhäusern, in den Anstalten für schwachsinnige Kinder, in Anstalten für Gehörlose und Stumme und Blinde führen diese Monstrositäten und Organisationsmängel in der überwiegenden Zahl der Fälle direkt auf solche Ehen zurück Charakter. Ob ihr unmittelbares Beispiel diesbezüglich eine Bestätigung lieferte, die dürftigen Einzelheiten der gesamten Angelegenheit, deren Veröffentlichung gestattet wurde, liefern keine sicheren Informationen; Dass es auch in anderen Zweigen ihrer Familie so war und dass sie selbst Angst davor hatte, geht am deutlichsten aus ihrem Brief hervor.

Es besteht kein Zweifel, dass ihre maßgebliche und vehemente Beschimpfung gegen diese mörderischen Ehen die Aufmerksamkeit auf das Thema lenken wird; und aus diesem und vielen anderen Gründen, von denen einige bereits erwähnt wurden, bedarf Mrs. Gurneys Brief zumindest keiner „Entschuldigung" für die Veröffentlichung.

FRAU. Gurneys Entschuldigung.

PARIS , *Januar* – 1860.

LIEBER E * * * :

Dein Name war immer auf meinen Lippen und in meinem Herzen, und du warst der Einzige auf der Welt, der mich nie in Frage gestellt hat. Ich komme wieder zu dir, E * * *, wie so oft – wie damals, als wir Kinder waren, als du mich vertrauensvoll in deine Arme geschlossen hast – und sage dir: Ich bin, wie ich damals war; und ich höre dich sagen: Sag mir nichts, denn ich glaube dir immer, und es darf keine Fragen zwischen uns geben.

Ich werde Ihnen nicht schreiben, um durch irgendeine Erklärung unser vollkommenes und uneingeschränktes Mitgefühl in Frage zu stellen, sondern um das zu erfüllen, was ich als Pflicht Ihnen gegenüber empfinde – Sie in den Besitz von allem zu bringen, was auch nur im geringsten von Bedeutung sein mag mit denen, die meine Natur überhaupt verstehen, vor denen du deine unerschütterliche Verbundenheit mit mir rechtfertigen möchtest, auch wenn die Erfüllung dieser Pflicht, lieber E * * *, mir die Offenbarung meines innersten Lebens aufzwingen könnte. Wenn Ihrer Meinung nach hier eine solche Rechtfertigung vorgebracht wird, zeigen Sie sie ihnen ganz oder teilweise, so wie Sie es für richtig halten, und denken Sie daran, dass dies für Sie und nicht für mich geschieht. Es wäre notwendig, meine Rechtfertigung vor einem viel umfassenderen Tribunal vorzubringen, denn ich habe eine Tat begangen, die die gesamte konventionelle Welt in Unwissenheit, Vorurteil und Heuchelei als Verbrechen bezeichnet hat, und von der ich kaum oder gar kein Mitgefühl erwarten konnte dieser weite Rahmen des öffentlichen Urteils, der nichts über mich oder meine Umgebung weiß und der niemals dazu gebracht werden könnte, meine Natur zu verstehen; oder wenn ich es begreifen würde, wäre ich selbst dann nicht bereit, irgendein Argument oder eine Erklärung zur Milderung meines Vorgehens zu akzeptieren.

E * * *, du erinnerst dich an mich mit vierzehn; Sie erinnern sich an die Zeit, als wir von unserem Besuch in Wymondham zurückkamen. Du erinnerst dich, wie ich, um die kalten Einflüsse abzuwehren, die mich unwillkürlich überwältigten, in der Kutsche die schlichte Haube herunterschlug, die man mir an diesem Tag aufgetragen hatte, darauf herumzutrampeln und alle meine Haare auf meine Schultern fallen zu lassen, und sagte: Ich bin frei. Du erinnerst dich gut daran. Und dann endlich, als die Kutsche das Haus erreichte, warfen wir uns einander in die Arme, und ich hatte keinen Mut mehr und fürchtete mich, die Tat zuzugeben, als ich ihnen sagte, dass du dich darauf gesetzt hast – und du warst still; Und wie ich dann die ganze Nacht weinte, dass ich die Wahrheit meines Wesens leugnete – dass ich nicht frei war.

E * * *, dieser Tag wiederholte sich in meinem Leben – in jeder Handlung, in der Anbetung Gottes, in meiner Ehe, sogar bei der Empfängnis meiner Kinder; und ich freute mich erst auf die letzte Wiederholung in meinem Tod.

Es ist vorbei – mein lebendiger Tod ist vorüber. Ich habe zwischen der allgemeinen Verurteilung der Welt und meinem eigenen Rechtsempfinden gewählt; nicht auf erhabene Weise, sondern auf die einfache, ehrliche Weise, nach der sich meine Natur sehnte. Ich lege mich abends hin und stehe morgens auf, zum ersten Mal seit meiner Kindheit, und segne Gott für meine Existenz. Nichts kann mir das jetzt nehmen, außer dem Tod allein. Ich habe diesen Schatz im Herzen einer Frau, den nur eine Frau verstehen kann – das offene Bekenntnis der Liebe, die ihr Wesen beherrscht. Mit ihm, einem Teil davon, ganz davon ist der Mann, frei von Vorurteilen, erfüllt mit jedem edlen Streben, der sein Ziel ist. Hätte ich, frage ich Sie, den Ruf vorziehen sollen, den die Welt derjenigen zuspricht, die, indem sie ihren Formen nachgibt, täglich zur lebenden Lüge wird, die sie billigt?

Wer weiterhin auf seine eigene Art und Weise über menschliche Instinkte, menschliche Zuneigungen und menschliche Gehirne verfügt, entsprechend seinem eigenen Sinn für richtig und falsch, sollte noch weiter gehen; Sie sollten ihre Versammlungshäuser und Kirchen in Klöster und Klöster umwandeln und die religiösen Bestrebungen überwachen, die sie durch tägliche und nächtliche Aufsicht kontrollieren würden. Sie sollten in ihren Häusern Haremsspionage einführen, damit die körperlichen Instinkte, denen sie zwangsweise Folge leisten, nie die Möglichkeit haben, die Wahrheit über sich selbst zu behaupten.

Häresie und Ehebruch, die beiden exkommunikativen Worte, die das gesellschaftliche Leben über dem zum Scheitern verurteilten Haupt einer Frau schwebt, die im Widerspruch zu seinen Handlungsregeln denkt und handelt, haben nicht die volle Kraft und Wirkung, die sie haben sollen. Nichts als die tatsächliche physische Gefangenschaft des Körpers und, wenn möglich, des Geistes kann eine Frau davon abhalten, zur heimlichen Bekennerin ihres Glaubens und ihrer Instinkte zu werden. Die exkommunikativen Worte halten keines der beiden Vergehen zurück; Sie entwickeln nur das unbestreitbare Laster der weiblichen Schwäche, der Heuchelei.

Wenn das Gehirn ungläubig ist, ist es aufgrund seiner eigenen Organisation ungläubig, und diejenigen, die seine Untreue angreifen, schlagen vergeblich den Gott an, der es geschaffen und es jeder neugeborenen Seele eingepflanzt hat; Der Körper, wenn er der Verbindung, in die er gestellt ist, ungläubig ist, tut dies aufgrund seiner eigenen Instinkte, und diejenigen, die versuchen, ihn zu kontrollieren, stoßen ebenfalls auf ein Gesetz seiner Schöpfung.

Wann werden engstirnige, bigotte Männer lernen, dass das einzige absolute, beherrschende Gesetz der Natur einer Frau die Liebe ist – dass sie das einzig Gute und Wünschenswerte an einer Frau ist – das einzig Verlässliche an ihr? Sie können ihr mit ihrer Liebe vertrauen, dass sie in einem Haus der Prostitution lebt; Sie können sie ohne sie nicht durch die absolutste soziale Ächtung kontrollieren.

Und diese Liebe, was ist das? Es ist eine Macht, die immer in der Welt vorhanden ist und die, wenn sie von zwei gleichen Naturen erkannt wird, sie fortan aneinander bindet, außerhalb der Kontrolle und, wenn nötig, unter Verletzung jedes anderen Gesetzes – so wie die Liebe meiner Mutter sie an meine gebunden hat Vater, und die Liebe meines Vaters verband ihn mit ihr und gab mir mein Wesen – ein Wesen, das in der zärtlichsten, wahrhaftigsten Leidenschaft gebettet war, die jemals zwischen zwei Menschen existierte.

Wie lange habe ich schon damit verbracht, dieses göttliche Gesetz zu erkennen und mich ihm zu unterwerfen! Was für verschwendete Jahre! Was für Unterwerfungen, die die abscheulichste Natur verunglimpfen! Was für eine Heuchelei, was für eine Entehrung Gottes! Welches Leid habe ich diesem Mann zugefügt, der mir allein zugeteilt wurde, seit dem Tag, an dem ich mich zum ersten Mal in ihm erkannte!

Es scheint so lange her zu sein; es kommt mir viel länger vor, als die Zeit es erlaubt; es kommt einem vor, als sei eine Ewigkeit bis zu diesem Tag zurückgewonnen.

Oh, ich hatte in diesem unergründlichen Zeitraum der Verzweiflung Fragen über richtig und falsch, die weitaus anders und viel tiefer waren als alles, was mir von ihren Lippen beigebracht worden war oder beigebracht werden konnte – Fragen, die mich an den Rand des Todes brachten.

Warum hätte ich ihn lieben sollen? Warum liebe ich ihn? Was liebe ich an ihm? Das alles habe ich mir tausendmal gestellt, und auf all diese Fragen gab es nie eine Antwort, und es kann auch nie eine Antwort geben.

Doch ich sage euch jetzt: Warum sollte ich ihn nicht lieben? Was gibt es an ihm nicht zu lieben? Mein Herz antwortet nur: Was gibt es in mir, dass ich geliebt werden sollte, dass ich diese Freude kennen sollte, die in ihrem kleinsten Moment alle Jahre anderer Zeit zum Gespött macht?

Und diese Fragen stellen wir uns täglich und abends für immer.

Und doch gibt es einen Grund, sagen sie, warum ich ihn nicht hätte lieben sollen – ein Wort, das die Welt als unüberwindliche Barriere zwischen uns stellt – ein Wort, das mir bisher noch nie über die Lippen gekommen ist – ein bedeutungsloses Wort, und doch In ihren Augen ist es ein Verbrechen, das so groß ist wie der Ehebruch, den ich begehe – genauso groß, denn beide sind gleichermaßen bedeutungslos, da sie unsere Beziehung berühren.

Und dieses Wort drückt die soziale Stellung aus, die er mir einnahm. Anstatt seine rechtmäßige Frau zu sein, hätte ich mit weniger Anstoß die Mätresse eines Königs oder die Geliebte eines Adligen sein können.

Und ich, der angesehene Kerl der Hochzeitsriten, war ich über ihm? Ich, ein täglicher Verstoß gegen den Anstand im Gehorsam gegenüber demselben sozialen Gesetz, das ihn zu lebenslanger Demut gezwungen hätte? War ich über ihm? Wie? Inwiefern? Ich, versunken in der Erniedrigung meiner eigenen schwachen, unnatürlichen Nachgiebigkeit, unter dem allernamenlosen Ausgestoßenen? Könnte ich über allem stehen? War er nicht zumindest mein Kollege? Er, der, wenn wir allzu oberflächliche Fragen der Unterscheidung außer Acht lassen, Hyperion für einen Satyr ist, verglichen mit mir persönlich – klein, fett, kleiner Körper, der ich bin!

Ich habe mich in seinen Armen schweigend nach diesen Worten gefragt – Bräutigam und Ehebrecher, obwohl ich es nicht wagte, unsere Lippen mit ihrer Äußerung zu beschmutzen. Und doch wusste ich, dass sie nichts mit unserer Liebe zu tun hatten – dass es sich nur um Worte handelte – dass eine wahre Seele durch keine soziale Kontamination befleckt oder entwürdigt wird – dass unerkannter Adel und Tugend eines Ausgestoßenen, wo auch immer er sich befindet, auf ewig dasselbe sind.

Diese Lektionen hatte ich aus dem Mund meiner Eltern gelernt. Das Beispiel meiner aufrichtigen Mutter hatte mich das gelehrt. Mein eigenes Leben war mir unter Missachtung der Lehren der Gesellschaft gegeben worden.

Edle Frau! Wer könnte sagen (ich, ihr Kind und der einzige, der ihre Verbindung schließlich segnete, damals fast ein Jahr alt): Richard Gurney, ich habe dir nichts vorenthalten; ich habe alles auf dem Altar der Liebe geopfert – sogar meine kleine Marian – und doch verlange ich im Gegenzug keine formelle Verbindung; es ist mir egal. Was ich hatte, als das Leben unserer Kleinen begann – was ich jetzt habe – was mir, wie ich weiß, jetzt nichts mehr nehmen kann – deine Liebe – befriedigt mich. Und er antwortete ebenso edel: Nicht um deiner selbst willen, Mary, denn das wird von meinen Verwandten oder der Welt kaum Anerkennung finden; sondern um des Stolzes des offenen Bekenntnisses willen und um unseres kleinen Mädchens willen heirate ich dich.

Und diese Liebe, so wahr, so aufopfernd, stieß, wie er erwartet hatte, bei seiner Familie auf keinerlei Zustimmung. Sie erinnern sich, wie mein Mann Miss ... als besonderen Gefallen bat und die Mitglieder seiner Familie bat, mich zu meiner Mutter zu begleiten – einer Frau, die in allen Instinkten ihrer Seele so weit über ihnen allen stand wie mein Vater – der wahre Vertreter der Herren von Gournai und Le Braii.

Und doch beharrten sie immer auf der affektierten Überlegenheit!

Ich weiß, dass die Welt sagt, dass wir, die wir englischer Abstammung sind, niemals so niedrig suchen, um hohe Dinge zu finden.

Das trifft weder auf mich noch auf mein Blut zu und trifft auch nie zu. Ich würde, wenn es nötig wäre, mein Ideal zu finden, wie mein Vater vor mir, jede Situation durchsuchen, so wie Männer nach Juwelen graben; und ich hätte bis zum Äußersten nach dem gesucht, was ich jetzt besitze. Aber der, den ich liebte, war nicht so weit; er war in meiner Nähe durch die Erlaubnis des Sozialgesetzes, gegen das wir verstoßen haben. Das Zuhause seiner Familie wurde in der Nähe meines errichtet. Er war oft tatsächlich an meiner Seite und nur durch dieses Wort von mir getrennt; nein, er hatte das Recht, mich aufgrund der Erlaubnis dieses Sozialgesetzes zu berühren – er war sogar vorübergehend mit der Sicherheit meines Lebens beauftragt – konnte mit mir sprechen, aber respektvoll – respektvoll! Er, der in Wirklichkeit aus verwandtem Blut stammte und für mich – für mich – geschaffen war, dem sie den Hof machten, nicht wegen des Instinkts dieses Blutes, sondern wegen der geringen Sparsamkeit meiner Verwandten.

Aber genug davon. Ich hätte mir die Verachtung, die in meinen Adern prickelt, vielleicht erspart.

Ich habe ihn geliebt, E * * *; das war alles. Er wurde alles, was ich tat, alles, was ich sagte, mein Leben. Wenn ich mehr sage, kann es sein, dass ich mich irre, denn mehr weiß ich wirklich nicht und werde auch nie mehr wissen.

Der ganze Umfang und das Ausmaß des Herzens und Gehirns einer Frau und der ganze Sinn ihres Wesens ist Liebe; und ihr ganzes Wissen drängt sich zu einer Frage zusammen: Bin ich der Liebe dessen würdig, den ich liebe? Und liebt er mich? Aber ich habe über all diese sozialen Angelegenheiten nachgedacht und mich gefragt, ob ich ihn mehr hätte lieben können, wenn er nicht das gewesen wäre, was er war – wenn er Mitglied des Parlaments gewesen wäre? Nun, es gab viele davon in unserer Familie – unter den anderen waren Onkel Hudson, Cousin Charles, Cousin Edward Buxton und der Ehemann von Cousine Priscilla; so hatte auch der Vater zugestimmt; und schließlich war Jackey selbst da und nahm Walpoles Stuhl oder zumindest dessen Kante ein. Und was war das anderes als eine allzu greifbare Täuschung? Wir alle wussten das – Männer und Frauen – und wir lebten gemein davon und genossen die leere Ehre und das leere Lob derer, die in Wahrheit unter uns standen, weil sie uns so dumm lobten. Oh, es war so dumm, dieser ganze Parlamentsstolz! Ich liebte William eher, weil er kein Mitglied des Parlaments war – zumindest weil es nicht sein Wunsch war. Und wenn er dann ein Ältester der Versammlung gewesen wäre? Er! – was hältst du davon, E * * *? Oder war mein Lord Bishop von Norwich – der Lord der verwässerten *Pater Nosters* – über ihm? Sind das die Dinge, mit denen man eine atmende Frau heiraten sollte? Glaubt irgendjemand, dass mich eine *Verbindung* mit dem Bischof geadelt hätte? – oder die Umarmungen des Ältesten?

Es ist kaum nötig, Ihnen zu sagen, mein Lieber, dass darin nicht die geringste persönliche Respektlosigkeit gegenüber Herrn Pelham oder einem anderen Individuum steckt.

Wahre Männer sind keine solchen. Die Instinkte einer Frau stoßen solche Formen von Männern ab. Sie können das Echte so gemein kleiden wie eine amerikanische Sklavin, oder Sie können die Kleidung des Fälschens zu den Antipoden davon – zu päpstlichen Gewändern – ausarbeiten, und die lebendige Seele einer Frau wird es nie versäumen, das Falsche vom Wahren zu unterscheiden.

Warum du selbst, E * * *, dir die Augen aus den Augen geweint hättest, da bin ich mir sicher, wenn ich mich bewusst mit dem leblosen Zweck hätte verbinden können, in dem die Vitalität solcher Wesen endet.

Er gehört nicht dazu. Er ist ein Mann, E * * *, den ich liebe. Wunderst du dich, dass ich ihn liebe? Das liegt daran, dass er ein Mann ist – ein Mann und kein hohler Schein.

So ist es bei jeder wahren Frau. In ihrer Liebe kennt sie keinen Standesunterschied. Die Götter ihres Götzendienstes bleiben wie die Statuen der Griechen – ob sie nun in einem rohen Lagerhaus oder im Louvre stehen – in der Ruhe ihrer Schönheit und Kraft unverändert. Wir verlangen von ihnen nichts weiter als sich selbst, sie anzuschauen, sich zu berauschen und in der Liebe zu ihnen zu sterben. Dies scheint mir der Mann zu sein, dem ich nach dem tiefsten Gesetz meiner Natur mein Wesen überlasse.

Aber wird die Welt das verstehen? Vielleicht ist es der Zufall meines Ortes und Standes, der mich mit dem, was man Macht nennt, umgibt und mir dessen Leere erkennen lässt – der mich mit dem höchsten Repräsentanten einer Religion in der Person eines Sohnes vereint, der sie vertritt leicht daneben, machte seinen bedeutungslosen Charakter deutlich – das lehrte mich, einen Familienunterschied durch die unbewusste Opferung meiner selbst für den zu stärken, in dessen Kontrolle ich irgendwie belassen worden war, und lehrte mich, zu hinterfragen, ob es richtig sei, und mich schließlich darüber zu erheben und wirf die Ketten einer unnatürlichen Nachgiebigkeit ab.

Mein Verkehr und meine geheime Korrespondenz mit Ihnen seit meiner frühen Kindheit haben Sie gelehrt, wie eigensinnig und leidenschaftlich ich war; und diese Briefe sind so sehr ein Teil von mir, dass ich nichts noch einmal so schreiben kann, wie sie geschrieben wurden.

Du hast sie bewahrt; Ich habe sie noch einmal gelesen, bis zu den Tagen, die auf meine unnatürliche Blutsverwandtenverbindung und ihre Folgen folgten.

Es war eine Blutsverwandte Verbindung. Mischehe immer.

Es gab die Hochzeit des Onkels meines Mannes, John, mit meiner Tante Elizabeth, einer Cousine ersten Grades.

Blutsverwandte Vereinigung des Vaters und der Mutter meines Mannes, Cousins dritten Grades.

Mischehe des Onkels meines Mannes, Henry Birkbeck, mit Jane Gurney, Cousine dritten Grades.

Mischehe des Vaters meines Mannes mit Mary Fowler, der Cousine seiner ersten Frau.

Ist es seltsam, dass sich solche Gewerkschaften als unglücklich erweisen? Elizabeth Gurney und Jane Birkbeck überlebten ihre Ehe nur ein Jahr. Jane Gurney, die Mutter meines Mannes, war nur vier oder fünf Jahre verheiratet.

Auch im Fall von Großvater und Tante Agatha gab es die Anomalie, dass Vater und Tochter Schwester und Bruder heirateten.

Es gab die Hochzeit des Cousins meines Mannes, Henry, mit Jane Birkbeck, seiner Cousine zweiten Grades.

Dann kam die Hochzeit von Catharine Gurney mit ihrem Cousin ersten Grades, Edward Buxton.

Dann Rachel mit Thomas Buxton, einem weiteren Cousinenpaar ersten Grades.

Ungefähr ein Jahr später, nach der interessanten Trauer seinerseits über den Tod seiner Tante Fry, unseres Onkels Buxton und seiner alten Freunde, heiratet John Henry mich, wir beide Urenkel desselben Paares – ich , ein rücksichtsloses Mädchen, das damals in Earlham wohnte, und er war fast doppelt so alt wie ich. Aber ich gebe ihnen keinen Vorwurf. Der Himmel kennt ihre Unkenntnis meiner Natur und den völligen Mangel an Sympathie in allem zwischen ihm und mir.

Sie kennen das Ideal, nach dem sich mein Herz und meine Leidenschaften sehnten, und Sie wissen, dass die Umstände und familiären Erwägungen mich zu dieser Realität geführt haben; Und Sie wissen, dass ich vom Tag dieser Hochzeit an geschwiegen habe. Denn als Körper und Seele darin lagen und schließlich beide verschwunden waren, beschloss ich, alles geduldig und unterwürfig zu ertragen – zu handeln und bis zuletzt die Lüge zu sein. Tatsächlich wurde es im Laufe der Jahre fast zu meiner Natur. Ich habe mein inneres Licht verloren, wie man sagt. Ich wurde eine Frau, die von meiner gesellschaftlichen Stellung herabblickte und für immer in den Anstandsregeln verharrte.

Damals gab es für mich nur eine Hoffnung, und diese Hoffnung beruhte auf der Tatsache, dass ich Ihnen nicht schreiben konnte. Die reinen, einfachen Instinkte meiner Kindheit, die unbefriedigten Leidenschaften, die wahre Intelligenz lebten noch immer in mir. Ich habe es nicht gewagt, dir zu schreiben – dir, der du mich so gut kanntest, habe ich nicht gewagt zu gestehen, was aus meinem Leben geworden ist. Mehr noch: Ich vertraute immer noch auf meine Natur, weil ich das Gefühl hatte, dass ich durch meine schwache und unnatürliche Unterwerfung stillschweigend den Höhepunkt des Lebens meiner Mutter herabwürdigte. Ich hatte vor allem Vertrauen, als ich zum ersten Mal davor zurückschreckte, mein Gelübde zu erfüllen, und als ich betete, dass seine lebendige Frucht in ihrem Bild und nicht in meinem sein möge. Ich spürte dann die Kraft der Natur *

So vergingen Jahr für Jahr, und so hätte ich leben und sterben sollen; Aber ich sah ihn, ich hörte seine Stimme, ich lernte täglich seine Gedanken kennen, ich schwelgte in seiner Natur! Dann habe ich dir noch einmal geschrieben; mein Glaube war zu einer lebendigen Kraft geworden; Ich begann ein neues Leben.

Dann kam der Herbst, wie immer zuvor. Der Einfluss der sozialen Zurückhaltung war zu schrecklich, und ich sank zurück, wie an jenem Tag, als wir noch Kinder waren. Diese letzte Behauptung und Leugnung meiner Natur brachte mich an den Rand des Todes, aber sie brachte mich auch zur Vernunft; Und dann erhob ich mich als verändertes Wesen, schwach und niedergeschlagen, und mit einem ängstlichen, stillen Kampf, den nur die Natur unseres Geschlechts erkennen kann, war ich für immer frei! Oh, die Offenbarung dieser Stunde! Das Leben schien in einem Moment nicht mehr hart und schwierig zu sein. Seine Beziehungen waren einfach, seine Leidenschaften legitim, seine Liebe überwältigend.

Aber lassen Sie mich Ihnen erzählen, wie ich zur Realität meiner Position und meiner späteren Erfahrung erwachte und wie ich endlich die Kraft hatte, meine Emanzipation zu vollbringen.

In den ersten Monaten meines Ehelebens war ich wirklich nicht glücklich; aber ich kann diese Zeit nicht als eine Zeit des Unglücks bezeichnen. Tatsächlich habe ich den ganzen Frühling über nicht ganz verstanden, was dieser Bund bedeutet, der endgültig über das Leben einer Frau verfügt, und das zu einer Zeit, bevor sich der Sinn ihrer Natur bewusst durchsetzt. Die Neuheit der Veränderung, die neuen Interessen, die aufkommen, die Notwendigkeit, Ehefrau zu sein – all diese Gefühle und Emotionen schließen mich von mir selbst aus. Und so ging es Monat für Monat weiter, und ich kann mich an nichts erinnern, was mir die Realität meiner Lage vollständig bewusst gemacht hätte.

Aber, E * * *, es wurde in meinem Leben befohlen, dass es kommen sollte, und es kam. Ein einfacher Vorfall verdeutlichte für mich die Bedeutung meines Gelübdes.

Einer unserer Besuche in Earlham war einer, den wir am ersten Tag des folgenden Herbstes machten. Ich erinnere mich noch gut an das Datum und das Erscheinungsbild des Landes. Ich werde es auch nie vergessen. Die Felder waren wellig mit ihrer goldenen Maserung. Der Costessy Park war in seiner vollen Pracht. Alles schien sich über die kommende Ernte zu freuen – die glückliche Mutterschaft der Erde. Und so erreichten wir Earlham.

Das erste Objekt, das ich sah, war Annas Kind. Es hat mich zutiefst beeindruckt. Ich nahm ihn in meine Arme und als ich ihn ansah, wurde alles dunkel um mich. Ich war vor dem Spielzeug einer Zeremonie gewesen; Ich war jetzt eine bewusste Ehefrau. Wunderschöner Rasen und Wald, Sommerbrisen, Freundlichkeit, sogar Hochzeitsriten – was können sie gegen das erste erwachende Bewusstsein eines Verbrechens gegen die Natur nützen?

Ich war völlig ohne Mitgefühl; Es gab niemanden um mich herum, der mich verstand. Hätte ich meine Gedanken ausgesprochen, wäre die Luft voller Verurteilung gewesen. Hatte ich, eine Frau, das Recht, auch nur einen Augenblick lang über eine solche Idee nachzudenken? Könnte ich es wagen, einen Instinkt der Abneigung zu empfinden? Hatte ich ein Recht zu sagen, dass ich verletzt worden war – dass ich das war, was alle Frauen verabscheuen?

Ich konnte es nicht verstehen; doch da blieb es, eine Tatsache meiner Natur, die sich gegen den Zustand durchsetzte, in den ich gebracht wurde und aus dem anscheinend keine irdische Macht existierte, um mich zu befreien.

Ich kehrte als verändertes Wesen nach Easton zurück; Aber dieses Gefühl ließ in der Routine und in den Notwendigkeiten des Ehelebens etwas nach – denn der Tod seines Vaters, der kurz darauf eintrat, brachte, wie Sie sich erinnern, viele Veränderungen und Verantwortlichkeiten mit sich, die den Lauf der Dinge für eine gewisse Zeit veränderten meine Gedanken.

Danach ereigneten sich in immer wiederkehrenden Abständen von ein oder zwei Jahren viele weitere Todesfälle in unseren Familien, die dazu neigten, meine Gedankenfreiheit einzuschränken, bis sich meine Gefühle schließlich nur noch in dem Gefühl einer vagen, aber schrecklichen Verantwortung für eine Verletzung des Gesetzes niederschlugen Sozialrecht.

Sie müssen sich an die ständige Not und den Kummer erinnern, in die wir alle durch den aufeinanderfolgenden Tod seiner Schwester Anna, seiner Tante Catharine, meines Vaters und der Kinder gestürzt wurden. Auch die Familie in I---Hall war eine Last, die nie aufhörte, auf meinem Herzen und tatsächlich auf meiner ganzen Existenz zu drücken.

Und so lebte ich, aber nicht unter den Lebenden. Ich hatte mein inneres Leben und mein äußeres Leben – was zweifellos auch andere Frauen so hatten wie diese arme in Catton. Ich trommelte meinem Mann nach alter Schulmädchenart die vorgegebenen Melodien für das Klavier ins Ohr, ohne auf die Musik zu achten. Ich kleidete mich auf die gleiche mechanische Weise, um seine Verwandten zu empfangen, und dankte Gott, als sie weg waren – und so erlitt ich unter dem ehelichen Joch anhaltender Güte einen langsamen Tod. Ich trat als Schauspielerin in das Leben um mich herum ein und verwirklichte mich selbst erst, wenn ich nicht auf der Bühne ihrer Handlung war. Ich wurde derselbe wie andere Frauen, die sich von menschlichen Gesichtern zu rohen Dingen wenden, um Trost zu finden. Meine frühe Leidenschaft für Pferde und Hunde war damals mein Trost. Ich hatte die geistige Nervosität in vollen Zügen, die sich nach Linderung durch Taten sehnt. Es wäre unmöglich, ein Pferd mehr zu bewundern, als ich es immer getan hatte. Es war ein Instinkt meiner Natur, genau wie der von Landseer oder der alten Mary Breeze, von herrlicher Erinnerung; aber jetzt liebte ich sie, denn sie bedeuteten mir so viel!

Aber als ich allein war, eingemauert, fern von allem, lebte ich mein Leben in vollen Zügen. Meine Fantasie wandte sich kühn, bewundernd und liebevoll anderen Männern zu. Sie waren kein Objekt der Eifersucht, lieber E * * *, denn sie waren tot.

Ich lebte mit den Erinnerungen an die Gründer unserer Familie – Männer, die nie auf dem Stuhl des Schreibers saßen und nie die Würde eines Klerus hätten beanspruchen können – Männer mit starken Armen und kräftigem Körperbau, die in hundert Schlachten ihre Taten ritterlicher Tapferkeit unter Beweis stellten – mit den Erinnerungen an Hugh und Walter und Anselm und Girard und Reginald und Matthew und John, die im Heiligen Land an der Seite von Prinz Edward kämpften und ihr rotes Kreuz für die Paynim zum Schrecken machten. Und mein Gedächtnis, das, wie Sie wissen, nur allzu hartnäckig war, hielt jede edle Form mit der ganzen Lebendigkeit einer gegenwärtigen Realität vor mir.

Ich lebte auch mit ihnen bei ihren Freizeitbeschäftigungen, bei denen ich – Seite an Seite mit dem Schwarzen Prinzen, in den Augen ihres Herrschers und ihrer gnädigen Geliebten, seiner Königin Phillippa, bei den Turnieren an den Orten war, an denen ich täglich war ritten – sie ahmten ihre glorreichen Erfolge auf den wahren Blutfeldern nach, die sie gewonnen hatten.

Ich bewunderte ihre großartige Kraft, ihre Gehirne, die weder durch die Bildung, die ich um mich herum sah, entmannt noch durch engstirnige Handelstricks behindert wurden. Ich fragte mich, welche Arbeit sie wohl machen würden, wenn sie heute leben würden. Ich versuchte mir vorzustellen, wie jemand aus der Familie Schritt für Schritt, Generation für Generation, dazu gekommen sein könnte, griechische Verben zu lernen oder Prozente zu berechnen.

Ich wusste genau, dass Hugo am Leben kein betender Bankier sein würde, sondern draußen in der freien Luft, auf Kreuzzügen, einfach und natürlich, auf jede Art und Weise, wie es die Zeit erforderte, genau wie der Mann, den ich liebe, einfach und natürlich und doch so unwiderstehlich , rettete das Grab meiner begrabenen Hoffnungen und Wünsche vor dem Gesetz und der Macht, der Unwissenheit und der Untreue gegenüber der menschlichen Natur aller um mich herum. Alle großen Dinge sind einfach. Auf den Kreuzzügen, die meine Vorfahren unternommen haben, haben sie eine weite Reise um die Welt zurückgelegt. Es war so weit wie der Abstand zwischen Bräutigam und Dame, aber nicht weiter. Sie eroberten das Eigene mit dem Recht ihrer Natur und ihres Glaubens, und zwar mit einem solchen Kampf, wie ihn jeder durchmachen muss, der die Geltendmachung seines Rechts gegen das Gesellschaftsrecht unternimmt.

Sie eroberten das ihre, so wie er auch das seine eroberte; Und scheint seine Tat nicht ähnlicher oder edler zu sein als ihre? Ist die Rettung eines toten Körpers eine würdigere Tat als die Rettung einer lebenden Seele?

Es war keine so schwere Eroberung. Meine Anforderungen waren einfach und natürlich. Ich war von allem Unwirklichen und Künstlichen umgeben. Ich forderte die Gesellschaft eines lebenden Mannes, frei von der Bildung und den Einflüssen einer Familie, die all diese dummen Theorien vertritt, die uns die wahren Freuden des Lebens berauben – einer, der Wasser als Wasser betrachten und es ohne Predigt trinken könnte – schauen Sie auf Essen, nicht als Gegenstand des Gebets, sondern des Kauens – genießen Sie den Sonnenschein und die Luft als Sonnenschein und Luft und sprechen Sie mit Männern und Frauen als solchen, ohne vor ihnen als Andersgläubigen zurückzuschrecken oder sie als orthodox zu sehr zu lieben – jemand, der es könnte Hören Sie Musik und finden Sie sie angenehm für das Ohr, und machen Sie sich keine Gedanken darüber, ob Gott beabsichtigt hat, dass sie angenehm ist – wer könnte ein Bild nicht als eine Maschine des Teufels, sondern als ein Kunstwerk betrachten – jemand, der alle Freuden als Anforderungen genießen könnte der Natur und nicht als Themen von tiefer Sorge. In Mr. Taylor habe ich einen solchen Mann gefunden. Er betrachtete all diese Dinge so, wie ich sie tatsächlich auch sah; aber bei ihm war es keine Angelegenheit, die ihn eine Befragung kostete. Er wusste alles ohne nachzudenken und ohne Bildung, wie sie es nennen. Er lebte im intuitiven Wissen davon.

Im Austausch verwandter Gedanken über diese Dinge lebten wir Tag für Tag, bis ich mich unbewusst dabei ertappte, wie ich mich nach jedem Wort sehnte, das er sagte. Ich empfand seine Anwesenheit, die mich zu den Männern meines angestammten Stolzes zurückführte, als eine Notwendigkeit meines Lebens, und schließlich fühlte ich mich zum ersten Mal unter dem Einfluss der Liebe.

Als ich in der Nacht nach dieser Entdeckung neben meinem Bett kniete, stand sein Bild zwischen mir und der fernen Höhe, auf die mein unterworfenes Gehirn Gott gesetzt hatte.

Und als ich ihn dort sah, bemühte ich mich, das Bild niederzureißen, das gleichzeitig meinen menschlichen Gelübden und der bloßen Gegenwart des strengen, methodischen Gottes ihrer Erziehung im Weg stand, da ich davon überzeugt war, dass es meine Pflicht sei.

Doch dort stand es, und dort musste es für immer bleiben. Ja, lieber E * * *, ich habe ihn geliebt, fast bevor ich es wusste; und ich hatte das Gefühl, dass er mich außerdem liebte, obwohl kein Wort zwischen uns gesprochen wurde. Es stand ihm nicht zu, zu sprechen, und ich hätte die Tatsache dieser Liebe vor meinem Innersten verborgen gehalten.

Aber es konnte nicht für immer so bleiben. Die Form einer Überlegenheit aufrechtzuerhalten, wo keine existierte, wurde schließlich zur Unmöglichkeit. Wir liebten uns, und der Ausdruck, den ich vorhergesehen hatte, konnte von keinem der beiden mehr kontrolliert werden, und so kam er zuerst über meine Lippen. Er ritt neben mir und antwortete mir nicht. Er sagte in die Luft, in den Himmel: „Gott hat mir eine zu große Freude bereitet." Dann drehte er sich zu mir um und sagte: Ich habe dich vom ersten Tag an geliebt, als ich dich sah. Ich habe dich geliebt, weil ich das Gefühl hatte, dass es mein Schicksal war; Ansonsten weiß ich nicht warum; Ich weiß nur, dass ich dich geliebt habe.

Lieber E * * *, er war damals so schön, so edel im Ausdruck dieser so lange verborgenen Liebe. Die Erde wirbelte um mich herum und sein Arm fing mich bewusstlos auf. Als ich zu mir kam, ruhte ich auf seiner Brust und war überzeugt von seiner Stärke wie einem eisernen Brustpanzer, obwohl ich seine Augen voller Tränen sah.

Wir fuhren schweigend nach Hause. In den Steinen unter unseren Füßen lag eine Schönheit. Die Blumen am Wegesrand dufteten zu köstlich für die Sinne. Die Luft und der Himmel waren von einem Einfluss erfüllt, der zu schön für die Erde war. Ich war sehr, sehr glücklich. Hätte dieses Gefühl in mir ruhen können, wäre ich damit zufrieden gewesen – getreu meiner Pflicht, wie man es mir beigebracht hatte –, so gelebt zu haben. Aber mein Herz sehnte sich nun ständig nach der Wiederholung dieses Augenblicks. Es konnte nur in seiner Gegenwart befriedigt werden. Bislang hatte ich nur das Gefühl, Unrecht zu haben, geduldig zu sein, doch nun wurde ich von einer Leidenschaft erregt, in der sich jedes Gefühl meines Lebens zentriert hatte.

Es ist nicht notwendig, alle Konflikte aufzuzählen, die mir dies bescherte, noch die Art und Weise nachzuzeichnen, wie meine edlere Natur allmählich vor der drohenden Strafe der sozialen Zerstörung versank; Es genügt zu sagen, dass ich von ihr zu der Entscheidung getragen wurde, die mein Schicksal betraf, und dass ich mich ein letztes Mal dem sozialen Gesetz unterwarf, weil ich noch nicht an dem Punkt angelangt war, an dem eine Frau in die Gegenwart getrieben wurde vom Tod durch den Druck einer falschen Beziehung, denkt endlich für sich selbst und zögert nicht länger, wie sie ihren Weg gestalten soll, sollte auch nur der verbleibende Wrack ihres Lebens zerstört werden.

Letzten Herbst begann ich zu spüren, wie ich zusammenbrach. Ich konnte also nicht mehr leben. Als die Zeit gekommen war, fuhren wir normalerweise eine Weile vor der Eröffnung des Parlaments nach London. Ich hatte das Gefühl, dass die Krise gekommen war. Wenn ich mit meinem Mann in der Hoffnung hinginge, den Gefühlen zu entkommen, die mich beherrschten, wusste ich genau, dass dieses leidenschaftliche Leben bei meiner Rückkehr erst beim Anblick seines Ziels von neuem beginnen würde. Wenn ich allein bliebe, glaubte ich, die Kraft zu haben, es von mir zu nehmen – ich glaubte, ich könnte mich von ihm trennen, wenn ich in den folgenden Tagen oder Wochen , nachdem ich ihn verlassen hatte, keinen anderen Blick als Gottes Blick treffen würde – wenn Ich könnte die Verzweiflung, von der ich wusste, dass sie darauf folgen würde, in Stille erschöpfen.

Ich blieb daher zu Hause.

Ich habe mich nicht getäuscht. Das künstliche Wesen, das sie aus mir geschaffen hatten, war stark genug, sich zu behaupten und die Liebe, die in den Tiefen meines Herzens lag, zu opfern – aber erst im letzten Moment. Erst kurz vor der Rückkehr meines Mannes konnte ich, als ich mich aus dem kurzen Traum des Glücks erweckte, in den ich, sicher in seiner Abwesenheit, schwach verfallen war, die Kraft aufbringen, den qualvollen Schluck zu trinken, an den ich glaubte , die Hand der Pflicht hatte sich für mich vorbereitet.

Aber eine weitere Verzögerung war nun unmöglich.

Ich ließ ihn zu mir kommen. Mein Herz war wie ein Becher, der überlief; Meine Trauer kannte keinen Ausdruck. Er war vor mir, zu meinen Füßen. Ich kann es nicht beschreiben – niemand wagt anzuerkennen, was zwischen Liebenden vorgeht, die durch ein soziales Gesetz getrennt sind; Es ist nicht möglich, dieses Leben im Leben, das Innerste, das Letzte auszudrücken.

Ich habe dich zu mir gebracht, sagte ich, weil ich dich nicht mehr sehen kann – ich sterbe.

Mein Gott, es kam mir damals so vor, als würde mir das Herz brechen – als würde ich verrückt werden!

Ein qualvolles Stöhnen kam über seine Lippen.

Er sah zu mir auf; die Intelligenz seines Gesichts war verschwunden; seine Augen waren trübe; Die Verzweiflung, die in mir war, verwandelte sein Gesicht in Stein.

Ich sah ihn unbeweglich an; Ich könnte zu ihm sagen: Wir müssen uns für immer trennen. Ich könnte die Sätze des gesellschaftlichen Lebens noch einmal wiederholen: Es kann keine ehrenhafte Anerkennung unserer Liebe geben – ihr offenes Bekenntnis wird Schande für meinen Mann und Verachtung für meine Kinder bringen.

Und wie hat er mir geantwortet? Soll ich selbst dort, in dieser Stunde meiner Stärke, meine völlige Schwäche bekennen? Ich sehnte mich nach einem flehenden Wort. Ein Blick der Zärtlichkeit, und ich wäre als ruiniertes Wesen zu seinen Füßen gefallen, aber ruiniert in der Anerkennung und völligen Hingabe meiner Liebe.

Nun, er wusste das alles; aber in dieser Krise war er sich selbst und mir treu; und als er aufhörte zu reden, war ich wieder stark. Mein Kopf, mein Herz, jeder Instinkt meines Wesens billigte seine Worte, sein Aussehen, seine Taten.

Er hatte mich gerettet. Er, wie ich ihn in dieser Stunde kannte, war meine Stärke; Durch ihn habe ich mich selbst besiegt. Ich war in dieser letzten Prüfung stark, wie nur eine Frau stark sein kann – durch die Seele und das Herz des Mannes, der bis zum bitteren Ende standhaft zu sich selbst und zu ihr steht.

Er sagte: Selbst in dieser Stunde, in der jede Hoffnung und Lebensfreude unter deinen Worten in ewiger Verzweiflung versunken ist, kann ich meinem Rechtsgefühl treu bleiben; Ich glaube, dass das Leben keine Opfer erfordert; Ich glaube, dass Selbstaufopferung nicht nur denjenigen Unrecht tut, die sie blind in ihrem Glauben als richtig annehmen, sondern umso mehr diejenigen, für die sie akzeptiert wird. Wenn Sie mit Ihrem Pflichtgefühl die Beziehung, die Sie an sie bindet, abbrechen würden, könnte Ihnen das kein Glück bringen; Ihre Trennung würde, wie Sie glauben, letzten Endes beiden Kummer bereiten, denn Ihr Glück gehört mir. Es gibt keine Regel, keine Pflicht im Leben, sondern das Streben nach Glück. Meins kann jetzt allein auf eigene Kosten erworben werden, und das gehört mir. Dann müssen wir uns für immer trennen!

Die völlige Verzweiflung dieser Worte kann mein Herz nie verlassen.

Ich erinnere mich an viele Dinge, die er in diesem letzten Interview gesagt hat, aber das ist jetzt nicht wichtig und sollte nicht wiederholt werden. Unser Leben drückt sie deutlicher aus als Worte. Er sprach von der falschen Beziehung, zu der er nach und nach verleitet worden war und in deren Fortdauer ihn unsere Leidenschaft Tag für Tag gefangen gehalten hatte.

Ich wüsste genau, sagte er, dass es längst hätte beendet werden sollen; aber ich kannte damals wie heute nicht die beherrschende Macht, die mich bis zu dieser Stunde bei dir gehalten hat. Erstens glaubte ich, dass ich dich lieben könnte und dass du für immer unbewusst von meiner Liebe bleiben würdest. Und so lebte ich, bis das unmöglich war. Und dann wurde mein Leben zu einer ewigen Verzögerung der Hoffnung und ertrug alles bis zum letzten Maß an Verzweiflung. Es könnte nicht anders sein. Ich habe von Tag zu Tag geglaubt, dass du, so wie ich, das Richtige klar sehen würdest, und so könnte es endlich enden. Es ist vorbei! Mein Leben ist vorüber. Mein Los ist hoffnungslos, endloses Elend. Ich nehme es für dich an – für die Erinnerung an unsere Liebe.

Dann traf mein Leben, meine Seele, seines in einem langen Kuss der Qual, und wir trennten uns, wie ich glaubte, für immer.

Ich hatte mein Leben erobert; Dieses Sozialgesetz hatte seinen Siegeszug errungen.

Als mein Mann nach Hause kam, war ich stark genug, die letzte Pflicht zu erfüllen, die mir meine Stellung auferlegte. Ich wusste genau, dass dies auch getan werden musste, egal was es kostete. Ich muss das Leben, an das ich gebunden war, offen leben. Ich ging zu ihm und erzählte ihm von meiner Liebe, von meinem Vorsatz und von unserer Trennung. In dieser schrecklichen Zeit ist viel zwischen uns passiert; Aber alles, was ich in meinem Herzen sagen konnte, waren nur diese Worte: Ich liebe William. An den Rest und das, was folgte, habe ich keine klare Erinnerung.

Ich wusste erst jetzt, dass er weg sein musste – dass Leben, Hoffnung, alles verschwunden war, obwohl ich immer noch da war, dieses ehrenhafte Ding, eine Frau! Für mich stand fest, dass ich England für einige Zeit verlassen sollte. Ich sollte reisen. Einen Szenenwechsel verordneten sie den Herzkranken. Es war immer dasselbe, die gleiche Unkenntnis der Natur einer Frau und ihrer Bedürfnisse. Sie wollten, dass ich Paris und Rom genieße. Sie würden die Pracht des Vatikans durch eine kleine Blume ersetzen, die vielleicht aus seiner Hand stammen könnte, wenn ich zu Hause bliebe. Es schien ihnen so viel mehr zu sein.

Versunken in die Betrachtung der Ruinen meines Lebens, achtete ich nicht auf diese Vorbereitungen für meine Abreise, sondern überließ mich als willige Beute der Verzweiflung.

Als das volle Ausmaß meiner Trauer erschöpft war, entstand aus mir ein neues Wesen.

Von diesem Moment an war ich ich selbst. Ich hatte jede Hoffnung, jedes Gefühl aus meinem Herzen vertrieben. Ich hatte von seinen Lippen das letzte Opfer erhalten, das ein Mann der Frau, die er liebt, anbieten kann – die Selbstverleugnung für ihr Glück; und ich erkläre vor dem Himmel, dass es mein Entschluss war, das zu tun, was ich für richtig hielt, auch wenn es mich das Leben kostete; denn ich hatte jetzt nichts mehr, wofür ich leben konnte.

Ich war lange Zeit blind einer Leidenschaft gefolgt, die mich an den Rand der sozialen Zerstörung brachte. Ich hatte darauf verzichtet.

Ich war jahrelang blind einem Weg der Pflicht gefolgt, der jeden Instinkt meiner Natur bis zum letzten Grad der Erniedrigung herabgesetzt hatte.

Ich konnte nichts mehr fühlen – überlegte ich.

Der Sinn des Lebens, das ich beginnen wollte, lag jetzt deutlich vor mir. So wie es mir vorkam, wusste ich genau, dass es tatsächlich so war, denn ich war nun von meiner Liebe befreit. Ich hatte alles für die Pflicht geopfert. Ich konnte jetzt erkennen, wohin mich der blinde Gehorsam gegenüber dieser Pflicht geführt hatte. Was ich war, wusste ich jetzt.

Meine Seele war frei von Heuchelei – es lag jetzt keine Lüge mehr auf ihr. Ich hatte alles gestanden. Mein Leben wurde bis ins Innerste meines Herzens offengelegt. Meine Liebe war sowohl durch seinen Willen als auch durch meinen eigenen für immer verschwunden.

Was hatte ich erreicht? Ich hatte den keuschen Namen Frau bewahrt. Ich hatte die Ehre meines Mannes und den Ruf seiner Kinder bewahrt. Und um das zu tun, befand ich mich unter seinem Dach und wollte mich ohne Liebe seinen Umarmungen unterwerfen.

Aus Rücksicht auf Ehre und Ansehen war ich kurz davor, freiwillig ein Leben als Prostituierte zu führen, das mich nur durch die gesellschaftliche Fiktion eines Namens davon unterschied, und ich fühlte mich für all diese ehrenvolle Anstellung noch erniedrigter als sie, die ihr dürftiges Arbeitsentgelt akzeptiert die Straßen.

Darüber hinaus war ich dabei, Funktionen zu erfüllen, vor denen jede Faser meines Körpers vor Abscheu zurückschreckte. Ich war dort, um Nachkommen zum Leben zu erwecken, die in meiner eigenen Erniedrigung, unter Missachtung meines Willens und meiner Natur, erschaffen wurden, die verwelkten Nachkommen von Blutsverwandten, Kinder, die vor ihrer Zeit schwach sterben oder vielleicht auf die Welt kommen, sie oder ihre Kinder , deformiert oder stumm oder blind oder dumm. Ich, der selbst vollkommen war und dazu ausgebildet war, den heiligen Schatz eines neuen Lebens zu empfangen und weiterzugeben, sollte freiwillig zur Mutter der vollkommeneren Vorstellungen werden, die meine sein sollten.

Besser, in der Qual dieses Gedankens, sagte ich, besserer Tod als dieser – bessere Selbstverbrennung von Körper und Seele; es war weit weniger ein Verbrechen.

Und dann schauderte ich vor Entsetzen über den Abgrund, an den mich die Pflicht geführt hatte, und flehte meine Seele flehentlich um Licht, während ich mir die große Frage stellte: Sanktioniert irgendein Gesetz Gottes, soll irgendein menschliches Gesetz die Macht haben, fortzubestehen? das Band der Ehe, wo es keine Liebe gibt?

Und ich habe darauf geantwortet, denn meine Kinder werden es endlich gutheißen, wenn sie etwas von meiner Natur erben, und die Welt wird es endlich verstehen.

So wurde ich auf einmal und für immer von allen früheren Beziehungen getrennt und allein auf der Welt gelassen.

Ich schreibe diese letzten Worte leise hier an meinem Schreibtisch; Aber diese Untersuchung meines Gehirns war schrecklich – schrecklicher sogar als der Tod, den ich akzeptiert hatte, als ich mich von ihm trennte.

Aber meine Entscheidung war gefallen und ich war damals ruhig.

In diesem Moment erkannte ich den Rest eines furchtbaren Kampfes des Gehirns – des armen, schwachen Gehirns einer Frau –, das die Welt unter ihren Füßen erfasste.

Es herrschte Kummer in dieser Familie, als ich selbst in diese Entscheidung fiel und ein Fremder unter ihnen war; als das soziale Gefüge, seine Kinder, ihr Vater, falscher Stolz, konventionelle Positionen – alles zusammengebrochen war; Als das Unrecht meiner Mutter Rache fand und die Liebe meines Vaters ihre Rechtfertigung fand, im Kind seiner Frau, die dem Leben Unrecht getan hatte!

Aber ihre Trauer war eine Freude zu der Qual der Ruhe, in der ich diese Entscheidung traf.

Als ich es ihnen erzählte, traten mir keine Tränen in die Augen; In meiner Brust regte sich kein Puls. Wie unvorstellbar für sie all diese Qualen.

Mein Mann war sogar weiterhin darauf bedacht, die Form einer Verbindung aufrechtzuerhalten, die nun in der Realität nicht mehr möglich ist. Einer dieser formellen Seelenärzte wurde geschickt – sein Onkel Francis. Ö! Nach all den Qualen, die ich durchgemacht hatte, wäre mir vielleicht der Anblick eines von denen erspart geblieben, deren Worte mir, als ob durch die Autorität Gottes, all dieses Elend sanktioniert und eingeprägt hätten.

Aber wie schwach und müßig waren für mich seine Worte über theologische Sünde und soziale Schande. Sie fielen mir in ständiger Wiederholung ans Ohr, bedeutungslos wie das Herunterfallen der Perlen eines Rosenkranzes.

Er sagte mir, ich würde meine Seele gefährden, und er hinterließ bei mir einen förmlichen Gesichtsausdruck frommen Entsetzens, als ich ihm sagte, dass ich dieses Risiko bereitwillig eingehen würde.

Und jetzt war ich allein auf der Welt – mein Leben lag noch vor mir – getrennt von jeder lebenden Beziehung –, die es zu leben oder zu beenden galt. Von welchen neuen Zusammenhängen muss ich ausgehen? Ohne Unterstützung, hilflos, allein, wohin soll ich gehen? Was muss ich tun?

In jenen vergangenen Zeiten standen mir die Türen des Klosters offen; Aber meine Intelligenz, die Intelligenz des Zeitalters, in dem ich lebte, verbot mir die Opferung meines lebendigen Körpers und meiner freien Seele.

Und dann kam mir wieder der Gedanke an Selbstmord.

Ich schreckte vor diesem Gedanken nicht abergläubisch zurück, da ich fürchtete, ungebeten in die Gegenwart der beleidigten Gottheiten zu stürzen.

Ich hatte keinen solchen Gedanken. Für mich bedeutete es nur, mich von dieser großen Last und Erschöpfung des Lebens zu erholen – mich hinzulegen und zu schlafen, während es noch Tag war – für immer zu schlafen.

Aber ich war zu ruhig für die Unbesonnenheit dieser Tat – zu stark. Wenn diejenigen, die sich aus abergläubischen Pflichtgefühlen ins Kloster zurückzogen, bereitwillig die Last ertragen würden, könnte ich mit größerer Intelligenz nicht unter ihre niederen Gedanken sinken und schwach sterben. Nein, ich hatte kein Verbrechen begangen, dass ich sterben müsste; Auch waren meine vergangenen Unglücke kein Grund, warum ich meinem künftigen Leben freiwillig neue aufzwingen sollte. Ich wusste, dass ich auf der Welt war, um zu leben. Die Kraft des Körpers, des Geistes, der Leidenschaften, der Wünsche, der Vernunft, alles, was eine menschliche Seele ausmacht, befanden sich in vollem Gange der Existenz; und ich war sicherlich nicht hier, um über den Tod nachzudenken, sondern um die Funktionen des Lebens zu erfüllen – eines neuen Lebens.

Denn ich war absolut gestorben in dieser Entscheidung, frei von meinen Bindungen zu leben. Ich war tot für alle früheren Beziehungen und Verbindungen. Ich war tot für die soziale Welt um mich herum, als hätte ich nie zuvor gelebt. Das Bewusstsein meiner Identität war verschwunden. Alle Augen ruhten seltsam auf mir. Ich war wie ein neugeborenes Kind. Ich hätte meine Hände einfach wie ein Kind ausgestreckt, denn ich war wieder in der Welt der Lebenden, ein Fremder; neugeboren, mit einem Leben in vollkommener Reife.

Und so kam die letzte Frage:

Soll das von mir beanspruchte Recht, getrennt von meinem Mann zu leben, damit einhergehen, jedes Verlangen abzuschneiden, jede Schönheit zu verunstalten oder zu verbergen, den Rest eines Lebens, das bereits durch eine unfreiwillige Indiskretion der Jugend verflucht ist, der Askese zu widmen und so fortzufahren? in einer anderen Form den Kampf gegen die Natur bis zum Ende? – oder das Glaubensbekenntnis des Mannes akzeptieren, den ich liebe, und auch mein höchstes Glück in der Befriedigung dieser Liebe suchen, die jeder Instinkt meines Wesens gutheißt?

Und meine Antwort auf diese letzte Frage liegt vor Ihnen und der ganzen Welt.

Wie ich anfangs sagte, mein Lieber, habe ich keine Bedenken hinsichtlich der Aufrichtigkeit Ihrer Zuneigung zu mir, auch wenn sich Ihr Leben verändert. und ich bin mir genauso sicher, dass Sie niemals an der beständigen, unsterblichen Freundschaft von zweifeln werden

Dein

KLEINE MARIA.

AN FRAU ——,

LONDON.

---

9 789359 947075

Printed at Repro India Ltd.